www.ingramcontent.com/pod-product-compliance
Lightning Source LLC
LaVergne TN
LVHW010404070526
838199LV00065B/5895
9789369088782

آبِ زر

(شعری انتخاب)

اکرام کاوش

© Ikram Kawish
Aab-e-Zar *(Poetry Collection)*
by: Ikram Kawish
Edition: February '2025
Publisher :
Taemeer Publications LLC (Michigan, USA / Hyderabad, India)

ISBN 978-93-6908-878-2

9 789369 088782

مصنف یا ناشر کی پیشگی اجازت کے بغیر اس کتاب کا کوئی بھی حصہ کسی بھی شکل میں بشمول ویب سائٹ پر اپ لوڈنگ کے لیے استعمال نہ کیا جائے۔ نیز اس کتاب پر کسی بھی قسم کے تنازع کو نمٹانے کا اختیار صرف حیدرآباد (تلنگانہ) کی عدلیہ کو ہوگا۔

© اکرام کاوش

کتاب	:	آبِ زر (شعری انتخاب)
مصنف	:	اکرام کاوش
صنف	:	شاعری
ناشر	:	تعمیر پبلی کیشنز (حیدرآباد، انڈیا)
سالِ اشاعت	:	۲۰۲۵ء
صفحات	:	۱۰۰
سرورق ڈیزائن	:	تعمیر ویب ڈیزائن

میں

"آبِ زر"

رفیقۂ حیات زرین تاج خانم بی اے بی ایڈ

اور

کرم فرما رفقاء

جنابِ میر غلام علی جوشؔ (ساکنِ امریکہ)

جنابِ حسن فیاضؔ (مدراس)

اور

جناب خلیل مامون (بنگلور)

کے نام

معنون کرتا ہوں

•

• تعارف

'آبِ زر' اکرام علی کاوش کا دوسرا مجموعۂ کلام ہے۔ پہلے مجموعے نے کافی متاثر کیا تھا اور شعر و سخن کے شایقین کے حلقوں میں بہت مقبول ہوا تھا۔ اب آپ نے یہ دوسرا مجموعہ کلام پیش کیا ہے۔ تو اس سے معلوم ہوتا ہے کہ اس مدت میں آپ کی فکر و نظر وسیع تر اور بلند تر ہو گئی ہے۔ اس مجموعہ میں آپ نے نئے تجربے کئے ہیں اور اپنے ان تجربوں میں کامیاب ہیں۔

اکرام کاوش شاعر ہیں اور صد فی صد شاعر ہیں۔ وہ شعر کیوں کہتے ہیں اس کا جواب ان کے کلام میں موجود ہے۔ وہ شعر کہنے پر مجبور ہیں۔ زندگی کا وسیع اور گہرا مطالعہ کرتے ہیں۔ اس کی خوبیوں اور خامیوں پر آپ کی نظر پڑتی ہے۔ حالات اور واقعات سے متاثر ہوتے ہیں۔ اپنے تاثرات، احساسات اور خیالات کو شعر کے مترنم ڈھانچے میں ڈھال کر پیش کرتے ہیں۔ اپنی طرف سے ترمیم و اصلاح کے اشارے بھی اپنے بیان میں شامل کر دیتے ہیں۔ کاوش صاحب ہمیشہ فکرِ شعر میں ڈوبے رہتے ہیں۔ محفلوں میں شریک ہوتے ہیں تو ایک خاص انداز سے اپنا کلام سناتے ہیں، جس سے درد اور خلوص ٹپکتا ہے۔ آپ تُک بندی نہیں کرتے بلکہ خلوص، رعنائی خیال اور حُسنِ بیان سے کام لے کر سخنوری کی داد لیتے ہیں۔

غزل کو آپ نے پہلے مجموعے میں چھوڑ دیا اگرچہ مشاعروں میں آج بھی تازہ غزلیں سناتے ہیں۔ آپ کے کلام کا یہ دوسرا مجموعہ نظموں، معریٰ نظموں اور قطعات

پر مشتمل ہے۔ یہاں آپ نہ بالکل قدیم رنگ کے لکیر کے فقیر نظر آتے ہیں نہ جدید رنگ کی بے راہ روی اس میں پائی جاتی ہے۔ یہاں قدیم وجدید کا ایک حسین سا امتزاج ہے بلکہ اس امتزاج سے آپ نے اپنے لیے ایک نرالی روش نکالی ہے۔ ان منظومات اور قطعات میں صفائی ہے، روانی ہے، گہرائی ہے، گھلاوٹ ہے، ایمائیت اور اشاریت ہے اور سب سے زیادہ تاثیر ہے۔

اس کلام کے مطالعہ سے اندازہ ہوتا ہے کہ آپ بڑے جیوٹ اور باہمت آدمی ہیں۔ واقعات اور حادثات سے دبتے نہیں بلکہ ڈٹ کر ان کا مقابلہ کرتے ہیں۔ ہمت بندھاتے ہیں، مایوس نہیں ہوتے اور ہونے نہیں دیتے۔ رجائیت کلام پر چھائی ہوئی ہے۔ کاوش صاحب کی شاعری ان کی شخصیت کی عکاس ہے۔ اسی روش پر جیتے رہے ہیں، اوروں کو یہی پیغام دیتے ہیں۔

امید ہے "آبِ زر" کو اہلِ نظر کا حُسنِ قبول حاصل ہوگا۔

پروفیسر میر محمود حسین
سابق صدر شعبۂ اردو، میسور یونیورسٹی۔ میسور

نئے افق کی طرف

اکرام کاوش بڑا طرحدار ہے۔ شخص بھی اور شاعر بھی۔ میں شاعر سے تو عرصہ دراز سے واقف ہوں لیکن شخص سے یہ واقفیت ابھی حال حال کی بات ہے۔ شخص سے واقف ہونے سے پہلے اکرام کاوش کی شاعری کے بارے میں میرے تاثرات جو بھی رہے ہوں اب جو اکرام کاوش کی شاعری پڑھتا ہوں تو لگتا ہے یہ شاعری نہیں یہ تو شخص اپنی حیات، اپنی شخصیت تسوید کر رہا ہے۔ اوران پیچ وخم اور خوب و خراب کے تناظر میں زیست کر رہا ہے، یہ اور بات ہے کہ اس کی شاعری میں قاری کو کچھ اپنی حیات اور شخصیت کی جھلکیاں بھی مل جاتی ہیں۔ زندگی کے درد وکرب، آلام و مصائب، جبر و استبداد، تلخیاں اور الجھنیں بے حسی اور بے رحمی سب کچھ یہاں اپنا جلوہ دکھا جاتے ہیں اور یوں افق تا افق اس کی شخصیت میں سمٹے اور سموئے ہوئے محسوس ہوتے ہیں۔

اکرام کاوش نے غزلیں اور پابند نظمیں بھی نہایت خوب اور عمدہ لکھی ہیں۔ لیکن زیرِ نظر مجموعہ "آبِ زر" اکرام کاوش کی آزاد اور چند ایک معریٰ نظموں پر مشتمل ہے اور آخر میں چند ایک ثلاثی بھی ثلاثیوں کا رنگ رومانی ہے۔ اکرام کاوش کے ہاں رومانیت کی جھلک بھی مل جاتی ہے۔ لیکن ان کی شاعری کا مجموعی رنگ وہی ہے جس کو ہم عصری حسّیت کا حامل قرار دیتے ہیں۔ یوں بھی شاعری صرف رومانی اور اپنے جذبات واحساسات ہی کا بیان ہو تو ممکن ہے وہ اچھی اور دلپذیر ہو لیکن مکمل نہیں ہوتی۔ عظیم

ہونا تو اور بات ہے اور صرف اپنے اطراف واکناف اور حالاتِ حاضرہ ہی کو شاعر رقم کرتا رہے تو یہ بھی اخبار کی رپورٹنگ ہو جاتی ہے۔ حقیقی معنوں میں آپ اسے بھی شاعری نہیں کہہ سکتے۔ شاعری کو تو ذات حیات اور کائنات کا امتزاج ہونا چاہیے۔ شاعری انھیں عناصر سے ترکیب پاتی ہے اور ذات کا اظہار بھی اسی زاویہ سے کہ اس میں حیات اور کائنات کی آئینہ داری ہوتی رہے۔ مجھے اکرام کاوش کی شاعری کچھ ایسے ہی محسوس ہوتی ہے۔ اور اسی میں اس کی شخصیت کی عظمت ہے۔

اکرام کاوش نے "تمہیدِ داستان" میں نہایت ایمائی اسلوب میں اپنی داستانِ حیات ترقیم کی ہے۔ اور ان عوامل کا تذکرہ کیا ہے جن سے اس کی شخصیت اور شاعری دونوں تشکیل پاتے ہیں۔ لیکن اس سے قطع نظر "آبِ زر" کے مطالعہ سے مترشح ہوگا کہ اکرام کاوش کی شخصیت اور شاعری کن کن عناصر سے عبارت ہے۔ اکرام کاوش کی داستانِ حیات اس کی اپنی ہوتے ہوئے بھی اس کے اپنے قارئین کی داستانِ حیات ہے۔ وہی رنج وغم، کرب وبلا ریزہ ریزہ زندگی سمیٹنے کی سعی، خوشی اڑاتے لمحات کو گرفت میں لانے کی خواہش، حال سے بے اطمینانی لیکن اس سے بہر کیف نباہ اور ایک اچھے اور خوش گوار مستقبل کی تمنا اور اس کے لیے سعیٔ پیہم، اپنے لیے، اپنے بچوں کے لیے، آنے والی نسلوں کے لیے ــــ اہم ترین بات یہ ہے کہ اکرام کاوش اپنے حالات سے مایوس نہیں۔ وہ جبرِ واستبداد کے آگے خود کو بے بس نہیں پاتا۔ اس

کے ہاں ایک اُمید ہے نہ رجائیت ہے۔ اس کے اپنے ذاتی حالات کی روشنی میں بھی یہ بات کہی جا سکتی ہے۔ وہ ان سب کے با وصف اپنی رجائیت کے سہارے ہنستا مسکراتا زندگی کرتا ہے اور اس کی شاعری میں بھی یہی جذبات جھلک جھلک جاتے ہیں۔ مختصر یہ کہ اس کو شاعری رجائیت سے بھرپور ہے۔ اور پڑھنے والوں کو بھی اس سے ایک جذبہ اور حوصلہ ملتا ہے اور وہ زندگی کے غموں کو مسکراتے ہوئے سہتے اور ہنستے ہوئے آگے بڑھنے کی تحریک پاتے ہیں۔ یہاں ایسی کئی نظموں کے حوالے دئے جا سکتے ہیں۔ لیکن خاص طور پر "یہ صحرا چھوڑ ڈالو؟" وہ چہرے بول اٹھیں گے" اور "اُمید" وغیرہ کے نام لیے جا سکتے ہیں۔ "یہ صحرا چھوڑ ڈالو" کے آخری مصرعے ملاحظہ ہوں:۔

وہ دیکھو!
ستاروں سے ہے ترِ دامن فلک کا
سُنو!
آواز اک جو گونجتی ہے
لہُو میں شہد جیسے گھولتی ہے
ہر اک سو جیسے صندل کی مہک ہے
چلو اب ساتھیو سوئے بہاراں
یہ صحرا چھوڑ ڈالو
اکرام کاوش نے اپنے گرد و پیش پر عمیق نظر ڈالی ہے اور ہر

سمت اور ہر سُو کا نہایت گہرائی سے مطالعہ کیا ہے۔ زندگی کی کڑواہٹوں، پیچ وخم، اور لمحہ لمحہ گھلتے ہوئے زہر کو وہ محسوس کرتا ہے۔ اپنی کئی منظومات میں انھوں نے انہی شب و روز کی تصویر کشی کی ہے سچ پوچھیے تو وہ کچھ شاعرانہ مبالغہ سے بھی کام نہیں لیتا بلکہ کہیں قدرے واضح اور کہیں اشاریتی انداز میں خاصے اختصار کے ساتھ وہ سب کچھ کہہ جاتا ہے جس میں وہ بسر کرتا ہے۔ ''شہری دین''، ''انتظار'' اور ''حالات'' جیسی نظموں کے مطالعہ سے اندازہ ہوگا۔

''حالات'' کے یہ مصرعے : ؎

آنکھیں کھول کر ہر طرف کا نظارہ بھی کرنا چاہتا ہوں
اور سورج بھی روشن ہے
مگر حالات
آنکھوں پر پٹی باندھنا چاہتے ہیں

اور اِدھر ''انتظار'' کے یہ دو مصرعے بھی متوجہ کرتے ہیں : ؎

سبز سنہرے پیلے رنگوں کی پگڈنڈی پر چل کر
زیست کے پاؤں ہوئے ہیں شل

مزید برآں اکرام کاوش نے زمانے کی بے حسی بھی دراصل غم و اندوہ کے بے نہایت اور آلام و مصائب کے فزوں تر ہونے کا نتیجہ ہے۔ کسی خبر کی اُمید نہیں، کسی انعام کی توقع نہیں۔ انصاف کے در گویا بند ہو چکے ہیں۔ ایمان داری، اخلاص اور محبت جیسے سب بے اثر ہیں۔ بے ثمر ہیں۔

کچھ نہیں کچھ نہیں کچھ نہیں ۔

اکرام کاوش کا ادب اور زندگی کے بارے میں جو بھی رجحان ہو اُس کے اِس شعری مجموعہ سے یہی اندازہ ہوتا ہے کہ وہ انسان دوست ہے انسان دوستی اس کا مذہب ہے اس کا ایمان ہے ۔ ادبی طور پر بھی وہ اپنے آپ کو کسی گردہ سے نتھی نہیں کرتا ۔ سیاسی اور معاشرتی طور پر بھی وہ ساری قدروں سے بالاتر اور انسانیت کے حوالے ہے ۔ دراصل سچے شاعر اور سچے فن کار کا مسلک اور مذہب یہی ہوتا ہے ۔ یہی ہونا چاہیے کہ اس عہد کو اسی کی ضرورت ہے ۔ مثالیں کہاں تک دیتا چلوں کہ اکرام کاوش کے بیشتر منظومات میں ایسی نوع کے احساسات ملتے ہیں خاص بات یہ ہے کہ وہ قدیم کا ماضی اور روایات کا جہاں احترام کرتا ہے نئی قدروں اور نئے طرز واسلوب کو بھی دل و جان سے خیر مقدم کرتا ہے اس کی یہ رواداری اور وسیع المشربی ادب میں بھی ہے اور زندگی میں بھی ۔ "سمجھوتہ" اور "خیر مقدم" کے دو مصرعے پیش کروں گا ۔ ؎

- نئے کو اپنانا ہم نے بڑوں ہی سے سیکھا ہے
- نئی راہیں پرانی راہوں کا سدّ باب تو نہیں کرتیں

مجھے خوشی ہے کہ اکرام کاوش کی شخصیت کی طرح اس کی شاعری بھی قدیم اور جدید دونوں سے عبارت ہے ۔ دونوں کا بڑا اچھا امتزاج ہے ۔ نہ وہ ماضی کی فرسودہ روایات سے خود کو وابستہ کرتا ہے اور نہ نئے کے شوق میں بے ننگے پن اور مہمل گوئی پہ اُترآتا ہے ۔ اس مجموعہ کی کئی

منظومات قدیم و جدید کے کئی مثبت پہلوؤں کا احاطہ کرتی ہیں۔ "بولتے لمحے"، "رہائی"، "وہ پیٹر"، "ہر سمت میری تصویر"، "اور پھر ایسا ہوا"، وغیرہ ایسی چند منظومات ہیں :۔

اردو شاعری اکرام کاوش سے اور زیادہ توقعات وابستہ کرتی ہے۔ میں اس مجموعہ کی اشاعت پر اکرام کاوش کو مبارک باد پیش کرتا ہوں۔

۵؍ جنوری سنہ ۱۹۹۲ء
سلیمان اطہر جاوید
شعبۂ اردو
ایس۔ وی۔ یونی ورسٹی
تروپتی ۔ (آندھرا پردیش)

• منظرِ مطہر

خدا گواہ ہے دل میں مرے کسک جو ہے
وہ ناطہ جوڑ رہی ہے فلک کے رستوں سے
وہ ارض پاک کہ جس پہ روضۂ اقدس ہے
مری نگاہ ، کے لب اس کو چومنے کے لیے
ہیں صبح و شام عجب بے کلی کے عالم میں
مری نگاہ میں وہ منظر مطہر ہے
کہ جس کی وجہ تجلّی ہے دونوں عالم میں
مری نظر میں رکوع و سجود کی ہے ضیا
خشوع میرا ضیا بار ہے حدِ دِل پہ
ہر ایک ساعتِ اسعد کے خیر مقدم کو
ہے میری رُوح کے جادہ پہ اک اُجالا سا

• دُعا

رستہ رستہ نُور ہے
تیری ضُو ہر دل میں ہے
غم کا اندھیرا بہت گھنیرا
حاوی تھا اک اک پل پر
وہ گھیرے رہے ہر لمحہ
ذہنی پنچھی کو
اس کو اپنے ہاتھ سے
اب تُو قتل بھی کر
نیلے امبر کے نیچے
اب اتنا ہنسوں کہ
میری ہنسی کا سُورج ہر سُو آئے نظر

تُو کہاں ہے ؟

میرے معبود
تیرے دربار میں
محوِ سجدہ ہے ادراک
اور ادراک کی وسعتیں
مگر
تُو کہاں ہے .....

کہاں تک چلو گے

کہاں تک
تم میرے ساتھ چلو گے
میں ہوں اک صحرا نورد
میرے قدموں تلے
سارا عالم سانس لے رہا ہے

• خاموشی کے سمندر

میری خاموشی کے اندر کیسے کیسے
کتنے سمندر جاگتے ہیں
اور تمہاری نرم و شیریں گفتگو
راستوں پر ہے غبار
تم مری چپ کا اڑاتے ہو مذاق
ہاں تم ایسا ہی کرو
خوب میرے واسطے
تضحیک کا سامان کرو
ورغلاؤ دشمنوں کو
دوستوں کے دل میں جو میرے لیے اک دیپ ہے
اس کو بجھا دو
اک دن تم جان جاؤ گے
مرے اندر چھپے جتنے سمندر ہیں
وہ سارے گھیر لیں گے
تمہاری گفتگو کی بستیوں کو

اپنی اپنی کالی صبحیں

دستِ فضلِ زرد میں دستِ دعا ہو
دوستوں کے بعد کوئی اجنبی ہو دوسرا ہو
مجھ حسرتِ دیدہ کو
آہ و غم جیسی غذا ہو
درد کم کم ہو کبھی حد سے سوا ہو
آدمی وہ
آسمانوں کی طرف جو دیکھتا ہو
اور ہم اس سے نہ بولیں
چپ کا لمحہ پھیلتا جائے بہا لے جائے ہم کو
اسی جا جس جا ہر اک سُو زمزمہ ہو
عطر میں ڈوبی ہوئی فضا ہو
اور اس دم یاد آئیں
اپنی اپنی کالی صبحیں

• ہڈیوں کے کان نہیں ہوتے

ہڈیاں دو چار ہیں
ان پہ ہم بھلا انڈیلیں کیا
بوڑھے کمر خمیدہ لمحے گہری نیند سو چکے
اب انھیں جگاتے جگاتے میں کیا کرو پیش بھی
یخ بستہ ہو گیا ہے
منڈیر پہ اُتری ہوئی کالی رات
الوؤں کی آنکھ میں ضم ہو گئی
اور وہ پرندے جو سرِ شام اُڑ رہے تھے
سب جا چکے آشیانوں کی سمت
اک زلزلہ سا جو فضا میں بکھرا تھا وہ تھم گیا ہے
خلاؤں میں گم ہو گیا ہے
دو چار ہڈیوں کو کیا سنائیں بدلتے ہوئے زمانے کے قصّے
ہڈیوں کے کان نہیں ہوتے

• رشتوں کی گلپوش شاخ

چند سطور لکھ کر جو سوچ رہا تھا
ان میں جو لفظ کھپے ہیں
کس کا عطیہ ہیں
میرے ماضی کا یا میری سوچوں کا
کتابوں کا یا ملاقاتوں کا
حواس و احساس
یا میرے وجدان کا
تو پتہ چلا کہ
ان سوالوں کے تانے بانے
میرے اندر چھپی ہوئی تہوں میں ہیں
جن کا جائزہ
وقت کو لینا ہوگا

• وہ چہرے بول اٹھیں گے

رقص تھمنے دو
لے دھیمی پڑنے دو
فضا میں خامشی کی بیل پر
پھولوں کو کھِلنے دو
نہ بولو چُپ رہو
یہ لمحہ خود بولے گا
اک دن
سورج ہاتھوں میں ہو گی
اک صدا قندیل کی صورت
اور اس لمحے
اندھیروں میں چھپے
چہرے بول اٹھیں گے

• رہائی

آرزو کے جزیرے میں
مرے جذبے مرے افکار
برسوں سے کسی کے منتظر ہیں
کون ہے وہ جس کے قدموں کے سُبک آہٹ کے تصوّر سے
ذہن و دل ہیں سجدہ ریز
کونسی ساعت وہ ہو گی
جب کہ وقعت اپنے سجدوں کی کھلے گی
رازِ ہستی پر پڑے پردے سرکتے جائیں گے
لمحہ لمحہ چیخ اٹھے گا
اے میرے قیدی نکل
آرزوؤں کے جزیرے سے

• کالی مسرّت سے گریز

کہیں لمحاتی خوشی کی خاطر
صدیوں کی آسودگی سے
ناطہ توڑ لیا جاتا ہے
تم ہی انصاف کرو کہ آخر
وہ دِل جس میں بے پناہ محبّت ہے
وہ نظر جس میں اُفق تاب روشنی ہے
وہ گفتگو جو خضرِ راہ فکر و فن ہے
وہ ساتھ جو بہاروں کا نعم البدل ہے
وہ تحریر جس سے روح بالیدہ ہے دماغ روشن ہے
ان سب کا کیا ہوگا
کیا مصلحت صداقت کی جگہ لے سکے گی
اُن دِنوں کو تم کیسے بُھلا سکو گے
جن دنوں کچھ لوگ گروہ میں بٹ گئے تھے حملہ آور ہوئے تھے
یہ رات رات ہے اے دوست
تم بغور دیکھو اس شبِ تیرہ و تار کو

میرے ولولے میرے جذبے میرے جنون کو تو دیکھو
خدا کے لیے بغور دیکھو میرے دامنِ تار تار کو
تم عدل کی ڈور اپنے ہاتھ میں لے لو
اور گریز کرو
اس کالی مترّسے

انسان

انسان مرکب ہے اضداد کا
کبھی یہی سورج ہے روشن وجہاں تاب
تو کبھی یہی شبِ دیجور کے دامن میں سستا تا ہے
کبھی نند بیر کی ڈگر پہ چل کر منزلِ مراد پا لیتا ہے
تو کبھی تقدیر کی چہار دیواری میں مقید ناچار و بے بس ہو جاتا ہے
کبھی یہ پھولوں کے ہار گوندھتا ہے
تو کبھی یہی انسان حالات کے ہاتھوں شکست کھا کر
منہ لٹکائے بیٹھ جاتا ہے
یہ انسان کبھی جابر ہے قہار ہے تو کبھی یہی حلیم و لطیف ہے
حلم و کرم کے نعمتوں کا رسیا ہو جاتا ہے
انسان آخر کیا ہے   ایک معمہ ہے
یا
ایک سیدھی سادی ڈگر کا نام ہے

• ایک قوت ایک حقیقت

چند ساعتیں وہ نور پرور
کچھ لمحے وہ سرور پرور
جو دوستوں کے درمیاں گزرے
ان ساعتوں کا ان لمحوں کا سلسلہ
سانسوں کے ساتھ جاری ہے
وہ لمحے اب حصّہ ہیں میری زندگی کا
اُن کی خوشی اُن کی رات عجب ہے
اُن کی قوت اُن کی شوکت عجب ہے
اس تحفے کو اس نعمت کو کیا نام دوں
کیا ان لمحوں کو ساتھی کہوں یا دمساز
کیا انھیں الفت و محبت کے نام سے بلاؤں
کیا انھیں سچّائیوں کے نام سے پکاروں
اسی سوچ سے دل دوچار ہے
اسی سوچ سے ذہن سرشار ہے

جاگتا دَر

جتنے بھی دَر ہیں
وہ بند ہیں
اور میں
کشمکشِ زندگی سے تنگ آ کر
شہر کی تیرہ و تاریک گلیوں میں
اداس مایوس تنہا
نہ جانے کب سے گھومتا پھر رہا ہوں
اس اُمید پر کہ شاید
اس کے طول و عرض میں
کہیں کوئی ایسا در ملے
جو میری ہی طرح
مدت سے جاگ رہا ہو

• تغیّر کی طرف

تیز رو دنیا
خویش و اقارب شناسا سبھی لباس بدلتے رہے ہیں
دوست بھی نئے چہروں کے دلدادہ ہو رہے ہیں
اجنبی بھی کافی نرالے نظر آتے ہیں
گاڑیاں بھی اب بدل گئیں
ان کی تیز رفتاری بھی دن بدن بڑھ رہی ہے
راستے بھی اب بدل رہے ہیں
نظریں کئی نئی چیزیں آ رہی ہیں
جن باتوں سے ذہن متحیّر اور
جن حادثوں سے دل متاثر ہوتے تھے
اُن باتوں اُن حادثوں سے اب کچھ
ہلچل تغیّر یا تبدیلی نہیں ہوتی
کیا ہمارا احساس کمزور ہو چلا ہے

ہر سمت میری تصویر

راکھ کرکے
میرے خلوص کا پیکر
خوش ہے وہ
کہ اس نے مجھ پر فتح پالی ہے
مگر اس کو
کیا خبر ہے کہ
اک دن
اسی راکھ کا ہر ایک ذرّہ
ہواؤں میں اُڑ کر
ہر ایک سمت سے
میری ہی تصویر کھینچے گا

نیا رشتہ

چلتے پھرتے جسموں کا رشتہ
سانسوں تک محدود
قبر سے آگے
کون کس کا ہے ؟
کس کو خبر

نظّارہ

سیاہی پھیل کر
روشنی کے وجود میں ضم ہوگئی
اور ہم چپ چاپ
بلندیوں کی آنکھوں سے دیکھتے رہ گئے

نفسِ امارہ

اک مدت سے
وہ وحشی
میرے اندر بند تھا
پھر سے وہ
زنداں سے باہر آگیا ہے
تا کہ ہر اک گام پر
حسرتوں کے تازیانے سے
مری خاطر کرے
تا کہ پھر
صبر کے رستے پر
میری بدنامی میں
کچھ کسر باقی نہ رہے

جمالِ فن

ندی لفظوں کی
افکار کے جنگل سے بہہ کر
فکر و فن کی
دھرتی کو سیراب کرتی ہے
فردوسِ نظر یہ جو آبشار ہے
اس سے روح بالیدہ ہوتی ہے
اس کا جو اثر ہے
شاید اسی کو روحِ نظم کہتے ہیں
شاید اسی کو حُسنِ غزل کہتے ہیں

سبز گفتگو

گفتگو کے صحرا کا
ہر لفظ مثل تخم
منتظر ہے کب سے
ابلاغ کی ہوا
لے اڑے اس کو
اوراقِ کی وادیوں تک
جہاں کی آب و ہوا میں
ہر ایک بیج
پھول پھل کر
ایک شجرِ سایہ دار بنتا ہے

نقرئی سوچ

وہ سانپ جو
جو بانبی بنائے بیٹھا ہے
میرے بدن کی رگ رگ میں
سوچتا ہوں
تاحدِ نظر
ان سلگتے مہکتے لمحوں پر
نقرئی سرابوں پر
اس کے زہر کو اچھال دوں
تاکہ
جھوٹ کا چہرہ
اور ابھر کر سامنے آئے

• تنہائی کا زہر

یہی محسوس ہوتا ہے کہ تنہائی کا زہر
کر چکا اپنا اثر
اور حرف حرف
سارا خون اپنا پی چکا
مسئلے ہیں سلسلہ در سلسلہ
اور ایسے ہیں
کارواں لفظوں کا
سینۂ قرطاس پہ رک کر
یہ صدا دینے لگا ہے
وقت کی آواز نے نسل بعد نسل
سوئے ذہنوں کو جگایا ہے
آنے والی نسل
اس لحنِ فکر آگیں سے حظ اٹھائے گی
مستفیض و مستفید ہوگی
اور اس کی تنویر سے
سارا عالم روشن ہوگا

• انتظار

دو پیسے کچھ دن دو باتیں
چند دقیقہ سانسوں کی ہے آمد و رفت
چوراہے پر حیران ذہن ہے
آنکھیں ہیں
ظاہر یہ لگی
سبز سنہری ماضی کی پگڈنڈی پر چل کر
زیست کے پاؤں ہوئے ہیں شل
دیکھئے کون سا رستہ
لے آتا ہے اپنے رہبر کو
سُنتے ہیں وہ
صد ہا سال سے محوِ سفر ہے
میری جانب
سب کی جانب

یہ صحرا چھوڑ ڈالو

چلو اب سانحیو سوئے بہاراں
یہ صحرا چھوڑ ڈالو
فضا میں
قہقہے اپنے اچھالو
سنہری شام کے سائے ہیں اچھے
سُرخ، پیلے
وہ دیکھو!
سامنے جو ہے سمندر
اُسی کے پاس دریا جاگتے ہیں
مناؤ جشن یا اودھم مچاؤ
تمہاری تشنگی ٹھنڈی پڑے گی
وہ دیکھو!
ستاروں سے بے تردامن فلک کا
سنو!   آواز اک جو گونجتی ہے

لہُو میں شہد جیسے گھولتی ہے
ہر اک سُو جیسے صندل کی مہک ہے
چلو اب ساتھیو سوئے بہاراں
یہ صحرا چھوڑ ڈالو

• بولتے لمحے

میرے ہی اندر جو چھپ کے بیٹھا تھا
گھپ اندھیرا
وہ مثلِ افعی نکل کے گھوما
تمام گلشن میں نغمۂ بے خودی سے
جو اک سکون سا تھا
اسی کو اس نے نگل لیا ہے
سکوت سارا فنا ہوا ہے
ردائے تنویر چاک ہو کر سُنا رہی ہے
فنا کے قصّے پُرانی بِسری ہوئی محبت کے غم کے قصّے
سرور و نغمہ
ڈھلا ہے اب غُل غپاڑے میں کیوں
یہ کون سی بھولی داستاں ہے
جو مجھ کو کوئی سُنا رہا ہے
کہ جس سے دِل میں تڑپ ہے لیکن
ہنوز ہیں میرے بس میں کتنے ہی ایسے لمحے
کہ جن کو میں گر کہوں کہ بولو
تو بول اٹھیں گے

لالۂ صحرائی

دریا کئی لمحوں کے
پتھر کی لکیروں کے
جب راز بہا لائے
احساس کی دُنیا کی
مرجھائی بہاروں کو
پھر تازہ لہُو دینے
جب وقت کے پنگھٹ پر
آئی ہیں عزائم کی
مرمر سی حسینائیں
اے لالۂ صحرائی تو یاد بہت آیا

غزل چھیڑنے دو

گفتگو بھی ہے خموشی بھی
خوشی بھی ہے رنج و الم بھی
کیسی محفل ہے
کہ حیراں بھی ہوں میں شاد بھی ہوں
دوستی بھی ہے
جلن اجنبیوں کا سا بھی
اس فضا سے ہوں میں رنجیدہ
میں افسردہ ہوں
دوریاں دھند اندھیروں کا فسوں تنہائی
یہ وہ نکڑ ہے جہاں
نبضیں بھی تھمی جاتی ہیں
ایسے لمحوں میں تصور کو مرے
بربطِ غم پر غزل چھیڑنے دو

• میں اور تم

دِل میں تمہارے کیا تھا
وہ میں جانتا تھا
مرے اندر جو اُجالا تھا
اس سے بھی تمہاری آنکھ غافل نہ تھی
مگر کیجئے کیا
جو میری اذیت تھی وہی تمہاری راحت تھی
دِن دِن کی بات ہے وقت وقت کا تقاضا ہے
دِن ایک ڈگر پہ کہاں چلتے ہیں
صدیوں کے بعد
ندیاں بھی اپنا رُخ بدل دیتی ہیں
اور پھر تُم تو ٹھہرے آدمی
مگر آدمی کا دِل خلوص کا مارا محبت کا مارا بھی تو ہوتا ہے
اے کاش !
دِل کی گہرائیوں میں جھانک کر
ہم ایک دوسرے کو
پہچان لیتے

• درونِ خانہ

انسان کے اندر بھی سمندر ہیں کئی
گُپھائیں ہیں کئی
انسان کے اندر کے سمندر بھی
اُبلتے ہیں
اندر کی گُپھاؤں میں بھی ہوتی ہے
چیخ پکار
انسان کے اندر ہیں ہرے باغ کئی
اِن میں بھی کبھی چلتی ہے مسموم ہوا!
یاد آتی ہے اس وقت بہت بادِ صبا
یاد آتے ہیں اس وقت سُہانے موسم
اُس وقت ستاتا ہے غمِ تنہائی
اُس وقت عجب ہوتی ہے دِل کی حالت
اُس وقت خموشی ہی مزہ دیتی ہے

• قحط پڑا ہے انسان کا

صدیاں صدیاں بیت گئیں تو بھید کُھلا
قحط پڑا ہے انسان کا
رِیت رواج کہاں تک یکساں چلتے
وہ تو بدلتے رہتے ہیں
اُن کو گلے کا ہار بنانا ٹھیک نہیں
لحنِ سحر آگیں ہیں جب تک گیت سُنانے والوں نے
رس گھولا نھا کانوں میں
تب تک رُوح بھی بالیدہ تھی
دِل بھی تھا مسرور بہت
اب یہ حال ہے چوراہے پر شور ہے غُل غپاڑہ ہے
آدمیوں کا سمندر ٹھاٹھیں مار رہا ہے
پھر بھی مجھے یہ لگتا ہے
قحط پڑا ہے انسان کا

• عید

صبح کا وقت تھا
طلوعِ آفتاب ہوئے بہت دیر ہو گئی تھی
میں اپنے گھر کی کسی مانگ کو پورا کرنے نکلا تھا
دِل میں طرح طرح کے خیالات تھے
جن کا تعلق عید سے کم اور اپنے روزمرّہ کی ضروریات سے زیادہ تھا
بچّوں کا خیال دوستوں کے رویے اور رشتہ داروں کے تیور
رہ رہ کر تنگ کرنے لگے
نہ جانے قدم کس سمت اٹھنے لگے
اور اس بے خودی کے عالم میں
میں بڑھتا گیا بڑھتا گیا سورج کی طرف
اور سورج تھا کہ مجھ سے دور بھاگ رہا تھا

• میرا سفر نہیں رُکتا

منزل منزل رستہ ہے
میرے لیے ہر ایک قدم
اک اک صدی کی مسافت ہے
یہ اک نکتہ اتنا نازک
سوچ سے کتنا وابستہ ہے
میرے سفر کو لمحوں میں
وقفوں میں کیسے بانٹ سکو گے
میرا سفر ابد سے ہے
میرا سفر نہیں رُکتا
اور میری کوئی منزل بھی نہیں

سزا

ماضی کے دھندلکوں سے
جب بھی اُبھرا ہے
تمہاری یاد کا سورج
نہ جانے کیوں
میری راہوں کے
اندھیرے اور گہرے ہونے لگتے ہیں

وہ منظر جاگتا ہے

مری نگاہ میں اب تک وہ منظر جاگتا ہے
وہ منظر جس میں تم تھے میں تھا اور سب تھے
سب مگر خاموش تھے
چلے آؤ کہ خاموشی کا دَور کھلنے لگا ہے
فضائیں بھی ہیں نم دیدہ
چمن میں برگ و گل بھی ہیں پریشاں
کسی بھولے مسافر کا فسانہ چھڑ گیا ہے
کسی اخلاص کے مارے کا قصہ پھر سنایا جا رہا ہے
چلے آؤ
مگر یہ شرط ہے اس وقت
کسی بھی آنکھ میں آنسو نہ آئے

میرا قصّہ

زمانے دیکھے
بہار آئے
ستارے چمکیں
صبا کے جھونکے بھی آئیں جائیں
رُتوں کے پنچھی سُنائیں نغمے طرح طرح کے
مگر وہ آنسو وہ قطرۂ خوں
سرِ مژہ جو چمک رہا ہے
نظر نہ آئے
جو دل میں تصویر بن رہی ہے کبھی نہ اُبھرے
نظر نہ آئے
سرِ افق جو چمک رہے ہیں حسیں ستارے
سُنائیں ہرگز نہ میرا قصّہ

ایک بات

اپنے عُریاں جسم کا
پردہ نہیں
ایچ ٹیپ ذہنوں میں ہے
آنکھ کے در وا ہیں
وحشی خونخوار
بھوکے بیٹھے ہیں
مزہ ہر عضو کا
ہر زباں کی نوک پر بیدار ہے
وہ گدگدائے گی تمہیں یا خون رلائے گی

• سوچوں کی ہنسی

تاریخ ادب
تیرے
ہیں سنگِ لحداب تک
محتاجِ تعارف کیوں
کچھ لوگ مقالوں سے
بھولی سی کتابوں کو
پھر زندگی دیتے ہیں
شعراء کی حمایت میں
یا اُن کی خوشامد کو
کچھ لکھ کے سمجھتے ہیں
اک تیر چلایا ہے
مندر میں ادیبوں کے
ایک دیپ جلایا ہے
سوچوں کے لبوں پر ہے
ایک نرم اُجالا سا
کیوں اہلِ نظر چُپ ہیں

• وہ لمحہ

جو بوند چشمِ ناز سے ٹپکی وہ کیا ہوئی
اے وادیٔ طرب
اے وادیٔ حسیں
وہ لمحہ کیا ہوا جسے میری تلاش تھی
بنتا تھا جس کو شعر کا لطف
نغمات کی ضیاء
یا شعلۂ صدا
یا لمسِ رُوح پرور
اے وادیٔ طرب
اے وادیٔ حسیں

ایک درخواست

وہ دور اُفق پار دھواں چھٹتا ہے
چند گھڑیوں میں مری جان
رس گھولے گی پہیے کی صدا کانوں میں
اور تنہائی یخ بستہ پگھل جائے گی
مری محرمِ راز
نغمۂ عشق اُبھر جانے دو
بھاگتے لمحوں کو رُک جانے دو

دائروں سے دُور

دائروں سے اونچا اٹھیں
یہ تنگ و تاریک قفس
اُن سے گھٹن ہوتی ہے
آئیے باہر نکل کر
ایک بڑے دائرے میں چلیں
کیوں کہ حلقہ بگوشی ہماری سرشت میں ہے
اور ماضی قریب و بعید کی
جھلاہٹوں کا ناخوشی کا ترشی اور تلخی کا
نوحہ پڑھیں

آرزو کا صحرا

ہر طرف خموشی ہی خموشی ہے
دھوپ ہے حدّت سی ہے
دُور تک ریت ہے جو جلتی ہے
ایک سایہ بھی نہیں
نقشِ قدم تک بھی نہیں
ایسی تنہائی میں ارمان مرا
جو کہ تشنہ ہے کئی صدیوں سے
کاش ایسے میں کوئی آ جائے
جس سے تنہائی مٹے
کاش یہ خاموشی
نرم اور خنک بوندوں کی
برسات ہو جائے

• مخالف سمت کا نور

مئے پرستی مئے کشی
چھوٹے چھوٹے دائروں میں خوب تر ہے بے ضرر
اب سے پہلے
خموشی کے پیکرِ آتش فشاں سے
چُپ کی نیلی فضاؤں کے دھوئیں سے
سوزشِ آہ وفغاں کے سبب
پی کے جو بہکا تھا
وہ نادم ہوا ہے اپنے کئے پر
اس کی شرمساری جیسے نور زا ہے
اور وہ جس نے نہیں پی
وہ نیلی دُھند پھیلا رہا ہے
شاخِ خونِ دل کو آتش دیدہ کر رہا ہے

• وہ پیڑ

وہ پیڑ
جو کئی برسوں سے میرے سینے میں
نہاں ہے
خون میرا پیتا ہے
کہ جس کے سائے ہیں
بے زبان گلہریاں
تصوّرِ فصلِ بہار میں غلطاں
مجھ ہی پر خندہ لب ہیں
طویل مدّت سے
میں اپنے آپ کا نوحہ لکھوں، قصیدہ لکھوں!
عجیب لوگ ہیں پتّھر کے شہر کے کاوشؔ
مجھ ہی سے پوچھتے ہیں
میرے زخموں کا مزہ
میں چپ کے کہر میں ڈوبا ہوں

کہیں میرے بدن کے لہو کو بجھانہ دے سورج
کہیں میرے شکستہ مکان کو گرانہ دے آندھی
مجھے اور میری دنیا کو بہا نہ دے سیلاب
کہیں اس شجر کا نشاں تک مٹ نہ جائے

• شہری دین

بظاہر
باغِ آرزو میں عنادل نغمہ سرا ہیں
دِل کی بستی میں جشن ہے
رہگزارِ زندگی پر چراغاں سا ہے
مگر چہرے پر جو روشنی ہے
وہ خوشی کا ہرگز ہرگز بدل نہیں
وہ تو شہر کی ایک دین ہے

نم دیدہ صبح

تنگ دھیرے دھیرے ہوتا ہی گیا
رات کا گھیرا میرے اطراف یوں
جیسے خونین ہاتھ کوئی
ہو کسی معصوم پے
ہاں کبھی دُنیا کہے گی مجھ کو
وہ مظلوم تھا
قاتل اس کے حق کے دشمن سخت دِل لیکن بہت کمزور تھے

جمود

بڑی دیر سے دیکھتا ہوں
کہ دیوار پر کچھ لکھا بھی نہیں ہے
کہ کوئل بھی چپ ہے
اور فصلِ بہاراں بھی چپ ہے
مگر چند سائے جو آ جا رہے ہیں
وہ دیوار کوئل اور شاخِ گل تلک جا کر
سنبھلتے ہیں محوِ فغاں ہیں
یہ چپ کیسے ٹوٹے
وہ نغمہ جسے سُن کے دل جھومتا ہو
بھلا کیسے ابھرے

کیا نام دوں اس زندگی کو

نام جس کا زندگی ہے
اس کا چکر چل رہا ہے
کل جو میرے ہم نوا تھے
گردشِ دوراں نے اُن کو
لا کے ٹھہرایا ہے اب مَدّمقابل
اجنبی کے بھیس میں یا دشمنوں کی شکل میں
بولتے جاتے ہیں وہ اور چپ کا دِل دادہ ہوں میں
کوئی کہے اس زندگی کو
کیا نام دوں میں

حدوں کو توڑو

مجھے بہشتی بنا کے چھوڑا مرے گماں نے
بہشت میری مری ہی اپنی
تصور بے بہا نے مجھ پہ غضب ڈھایا ہے
میرا یقین
برا یقین تو سنہری خاموشی میں چھپا ہے
وہ جب بھی نطق لطیف پا کر نکل پڑے گا کھلی فضا میں
صدا یہ گونجے گی چار سُو
ازل کا رشتہ ابد سے جوڑو
کہاں کا ادنیٰ کہاں کا اعلیٰ
حدود وہ گھٹائیں الفت بڑھائیں
نفرتوں کو توڑ کر
فلک تک اٹھو
ضیائے شمس و قمر سے
تم اپنا دل سجاؤ

اور پھر ایسا ہوا

میری تحریریں تھیں جتنی مٹ گئیں
میری تصویروں کو دیمک کھا گئی
راز جو تھے روز روشن کی طرح
اُن پہ پردے پڑ گئے
دل کی بستی سے جو اٹھی تھی صدا
ذہن سے جو روشنی آئی تھی
اس کا کیا ہوا
کتنے ارمان کتنے خواب
کتنے نغمے
آج تک ہیں تشنۂ کام
کون سے چہرے کا جادو
کون سے رُخ کا اثر
موڑ یہ دکھلا گیا
کوئی کہتا ہے کہ وہ تقدیر ہے
کوئی یہ کہتا ہے وہ تدبیر ہے
کوئی کہتا ہے کہ وہم
کوئی کہتا ہے یقین

ثبات کہاں

پھول پھل شاخیں وہی
باغ بھی
اپنے پرائے سب ایک سے
رشتے ناطے بھی وہی
چاند تارے آسماں اور گردوپیش بھی وہی
پھر بھی دل کیوں
مانتا کچھ بھی نہیں
ہر ڈگر ہر لمحہ تبدیلی کا ہے
ایک اک روش پر
کون سی شے ہے یہاں
جو بدلتی نہیں

• خاموشی سے پہلے

درد کے انبار سے
جذبات جھانکے
اس طرف
جس طرف میری تمنّاؤں کا دل کش باغ ہے
اور ایسے میں کسی نے نغمۂ اُلفت چھیڑا ہے
اور پردوں میں چھُپی ہے سرخوشی
اے دِل تو سُن یہ آواز کیسی
انتظارِ آمدِ فصلِ بہاراں کب تلک
یہ جو لمحے ہیں انھیں میں غرق ہو جا
ورنہ آنے والے لمحے موجِ بحرِ بیکراں بن جائیں گے
تُو فصلِ بہار کا انتظار نہ کر

آخری گھونٹ

کس کو پتہ کل کیا ہوگا
ذوقِ نمو سے سانسیں میری ہیں سرشار
گویا
لمحے گھنگرو باندھے رقص میں ہیں
ہر سو گلاب کی صورت نغمے مہکتے ہیں
کس کو پتہ کل کیا ہوگا
یہ جو خنک اجالے ہیں
یہ امید کا کیف جو ہے
جب ان کی جگہ
سورج قاتل بن کر ابھرے گا کیا ہوگا
کیوں نہ مہکتے لمحوں کو نچوڑ کے میں
مسرّتوں کا آخری گھونٹ بھی پی جاؤں

• اُمّید

وہی ہیں لوگ وہی بزمِ دوستاں ہے ابھی
مگر چراغ پُرانے بدلتے جاتے ہیں
نئے چراغوں کی تنویر پھیل جانے دو
کہ نُور کو بھی بدلنا ہے پیرہن اپنا
مگر اندھیروں کے تیور غضب کے ہوتے ہیں
دلِ حزیں میرا اس واسطے سے ہے خوف زدہ
مگر اُمید بھی ایک چیز ہوتی ہے ہمدم

کس سے پوچھوں

خلوص کا وہ اک لمحہ
جس کی وسعتوں میں
ان گنت سورج
لئے تیرے لمس کا احساس
میری سوچوں کے افق پر
آج تک
کس لئے چمکتا ہے
خلوص کا وہ اک لمحہ

حالات

چُپ کی مہر لگائے بیٹھنے میں مزہ آرہا ہے
مگر نطق کا پنچھی بھی اپنے پَر تولتا ہے
کیا کیجیے
زمین پتھریلی بھی نہیں
اور برسات بھی ہورہی ہے
آنکھ کھول کر ہر طرف کا نظارہ بھی کرنا چاہتا ہوں
اور سورج بھی روشن ہے
مگر حالات
آنکھوں پہ پٹی باندھنا چاہتے ہیں

• ایک شاعر کی موت پر

توڑ کر بدن کی دیواریں
وہ چلا اٹھ کر
کاغذی مکانوں سے
جانب مِلکِ عدم
مگر اس کا لکھا
شعر و نغمہ بن کر
فن کی راہوں پر
ہم سے گویا ہے
"میں صدیوں کی ہوں تابانی
میں قدر کے ماتھے کی ضو ہوں"

• خود آگہی

مجھے مصلوب کرنے والو
میں منادی ہوں قافلے کا
جسے خبر ہے
اچھے بُرے کی
ماضی اور حال اور مستقبل کی
اور میرا حرف حرف
منزل نما ہے

• بہ اعتبارِ مجموعی

نفرت کا مارا
تھکن سے چوُر
جو تنہا آیا تھا
اس کو محبت دے کر چھاؤں میں بٹھلا کر
اس کی آنکھ میں نوُر اُنڈیلا تھا ہم نے
اب جو صدیاں بیت گئی ہیں
گمُنامی کے غاروں میں
کچھ تازہ جذبے
اس کے ساتھ سلگتے پھرتے ہیں ہر دم
اس کی آنکھ سے نوُر کے بدلے اب تو شعلے نکلتے ہیں
وہ بیمار بہت بیمار ہوا جاتا ہے
اس کے دِل میں یادوں کا جو ملبہ ہے
اس میں اپنا دِل بھی ہے
آؤ لے آئیں دِل اپنا ہم اس ملبے سے
صحت کا امکان رہا تو دُعا کریں

کتبے

وہ شہر
جہاں نہ کوئی نقشِ پا ہے اور نہ کوئی ہنگامہ ہے
جہاں ایک بے نام خاموشی ہے ہر سمت
جہاں ہر فکر کے سر قلم ہیں
جہاں درد و الفت کا ہر رشتہ شکستہ یخ بستہ ہے
جہاں ہر صدا صدا بہ صحرا ہے
جہاں ہر آہ آہِ نیم شبی ہے
جہاں سے چُپ کی سرحدیں توڑ کر
اب تک کوئی نہیں پلٹا ہے
جس کے گواہ ان گنت پتھر ہیں
جو کھڑے ہیں برسوں سے
پامال قبروں پہ
لئے اک فرمان
کل من علیہا فان
آؤ وہاں کی سیر کر آئیں

خوف

نفرت ہے
مجھے جس کے
سائے سے بھی
نہ جانے کیوں مجھے یہ محسوس ہوتا ہے
کہ وہ ایک عرصے سے
چپ چاپ میرے اندر
اک بانبی بنائے بیٹھا ہے

• بڑھو خدا کے لئے اُس کے خیر مقدم کو

بہت عزیز ہے جاں اس کی دیکھ بھال کرو
خدا کے واسطے اپنا بُرا نہ حال کرو
لگے جو رالم ہیں تم ان کا اندمال کرو
یہ بلبلہ جسے تم زندگانی کہتے ہو
تم اس پہ تکیہ نہ ہرگز کرو خدا کے لئے
جہاں رُک جاؤ وہی ہے آخری منزل
چھلک رہے ہیں خوشی کے ایاغ تو چھلکیں
ٹپک رہے ہیں اگر آنکھ سے تو ٹپکیں اشک
خوشی کا غم کا کبھی تم نہ اعتبار کرو
یہ دھوپ چھاؤں تمہیں روکنے نہ پائے کبھی
وہ دیکھو دوست تمہارا اُدھر سے آتا ہے
بڑھو خدا کے لئے اُس کے خیر مقدم کو

تبدیلی

دور تک سہانے گیت سنائی دیئے
سفر اچھا رہا
موسم خوشگوار تھا
منزل پر وہ چہرے بھی نظر آئے
جن کی عادتیں گویا قندیلیں تھیں دوسروں کو راہ دکھانے کی
جن کے پاس محفوظ تھا تمام صحیفوں کا تقدّس
جن کی سوچ جذبات سے لیس تھی
جن کی تنہائی روشن تھی
جن کی جلوت مہکی ہوئی تھی
ایسی بات ہوئی کہ بجلی کوندی
جس سے سکون پرور احساس خاک ہوا
مگر کیا ایسا ہمیشہ ہوتا ہے

عدل کی آنکھوں میں ضو ہو عدل کی

وادیوں میں یاس اور امید کی
مضطرب آنکھوں کو ہے کس کی تلاش
نکتہ داں مل جائے کوئی
جس سے سلجھیں گتھیاں ادراک کی
اور چھٹے بادل کے مہرِ عدل چمکے
چہرۂ قانون سے پردہ اُٹھے
ذرّہ ذرّہ ہو نمایاں
نیک و بد میں فرق ہو
اور ہاں تاریخ کی
محوِ ثنائے عدل ہو
منصفانہ شان بھی اک چیز ہے
نکتہ داں اور سچ کی پاسداری میں ہے وزن
سچ تو یہ ہے کہ کوئی بعد استعفا تو
سوچ سکتا ہے مگر

ڈسمسل کے بعد کوئی کس طرح
مانگے استحقاق کو
آج کس نے یہ سنایا فیصلہ
لازمی ہے مرد پر بعدِ طلاق
نان نفقہ عمر بھر دیتا رہے
عدلی کی آنکھوں میں ضو ہو عدل کی
عدل کی آنکھوں میں آنسو بھی نہ ہوں
عدل کی آنکھوں میں کیسے مصلحت کی روشنی
عدل کی آنکھوں میں ضو ہو عدل کی

میرے وطن

جو بولیاں ہیں ان گنت تو رنگ بھی ہزار ہیں
کہ ہنستے گاتے راستے یہاں کے بے شمار ہیں
مرے وطن کی باس بُو ہے مثلِ شمعِ ضُوفشاں
اس کی ضُو سے نُور ہے
ہر ایک سو سرُور ہے
اسی کی خاک سے اٹھے تھے میرے سارے رشتہ دار
میں ان کے سلسلے کی اک کڑی ہوں
میرے خون میں
رواں دواں ہیں اس کے بھید
اس کی چاہ سے
مرے لبوں پہ جاگتے ہیں نغمے صبح و شام
اسی کے انس سے ہے سہل زندگی
مرے وطن کے پاسباں کئی ہزار
ان کی یاد
سینے میں جلائے رکھنا فرض ہے

میرے وطن سے اکتسابِ نُور کر کے
کتنے دُور ہو گئے ہیں سُرخ رُو
مگر جو آج
راستے کٹھن ہوئے ہیں
ہر طرف جو دھند ہے
میں ایسے میں پرائے گیت چھیڑ کر
تماشا اک دکھاؤں گا
مرے وطن کی خوبیاں گنواؤں گا
کہ دھند چاک چاک ہو
ہر ایک مقام ہر روش پہ
رہزنوں کا سر جھکے
دُھلی دُھلی فضا وطن کی ایکتا پہ دال ہے
کہ دُور دُور تک ہر اک نگاہ میں
مرے وطن کا چہرہ حسین ہے

خوش فہمی

آج سے پانچ ہزار برس پرانے گاؤں کے
سب سے پہلے اُگے بوڑھے پیپل کے نیچے
پرانی نسل کے کچھ بچے کچھ لوگ
دھوپ کی تمازت سے بچنے کے لیے بیٹھے تھے
ان کے بیچ سب سے سن رسیدہ شخص بول رہا تھا
بھائیو سنا ہے اب آسمان سے کوئی چیز نہیں آتی
نہ صحیفے نہ اوتار نہ پیغمبر
سوائے اس کے کہ مینہ برستا ہے
سنا ہے اِدھر قدریں پا مال ہو رہی ہیں
نہ سیاہ سیاہ رہا نہ سفید سفید
مگر شکر ہے کہ ہمارا گاؤں
باہر کی وباؤں سے محفوظ ہے
بوڑھے سامعین کے ہاتھوں میں رعشہ تھا
وہ سب کی حامی بھرنے لگے
اور اس وقت مجھے اپنا کام یاد آگیا
میں زیرِ لب مسکرا تا آگے بڑھ گیا

• سمجھوتہ

مشینوں کمپیوٹروں اور نئی ترقیوں کے درمیاں سے
جو اُبھرا ہے نئی آنکھیں اور نیا ذہن لیے
نئے طور طریق نیا انداز نیا لب و لہجہ لیے
اس انسان کو کیا نام دیں
آخر وہ بھی ہمارا ساتھی ہمارا اپنا ہی تو ہے
اس کا ہمارا خون ایک
اس کا آسمان اس کی زمین ہماری زمین و آسمان ہی تو ہے
آب و دانہ بھی اسی زمین کا ہے
جس کے ہم اور وہ باسی ہیں
اس نئے آدمی نے کچھ کہا ہے
آؤ بغور سُنیں کہ وہ کیا کہہ رہا ہے
تاکہ وہ ہم سے بھی ہماری بات سُنے
اور ہم نے جو کتابیں پڑھی ہیں
اُن کا بھی وہ بغور مطالعہ کرے
اس طرح ہم دونوں کی دوستی قائم رہ سکے

• سوتے جاری رہتے ہیں

شناور گہرے سمندروں میں اُترے
موتی لائے اپنے لیے اور دُنیا کے لیے
موتی جو قدرت کا بے بہا عطیہ ہیں
زیب و زینت کا ساماں ہیں
موتی کے ذکر سے موتی جیسے دانت والے یاد آئے
جن کی آنکھیں ہرنی جیسی چال مستی بھری
جن کی ادائیں غضب کی
مگر شب و روز کا یہ لامتناہی سلسلہ
اس کی زد سے کون بچ سکا
موتی جن تاجوں کی زینت بنے تھے جن صراحی دار گردنوں کا ہار بنے تھے
وہ موتی نہ جانے کہاں کھو گئے وہ تاج کہاں کھو گئے وہ لالہ رخاں کہاں کھو گئیں
کتنے حسین و رنگین قصّے پارینہ ہو گئے فراموش کر دیے گئے
مگر قدرت کے ہاتھ میں جیسے جھرنے ہیں سوتے ہیں
موتی پیدا ہوتے ہی رہتے ہیں اور موتی جیسے دانتوں کے حامل
خوش اندام و خوش خرام حسینائیں بھی جنم لیتی ہی رہتی ہیں
صرف موتی کی قیمتیں بدل جاتی ہیں
صرف گُل اندأموں کے نام بدل جاتے ہیں

• خیر مقدم

داستان امیر حمزہ و طلسم ہوش رُبا
الف لیلہ و عاقل نظر بند سب پڑھیں
میر امّن کو سودا کو اور دردؔ کو پڑھا
مگر نئے لوگوں کو بھی پڑھنا ہے
اور پھر جدید ادب کی دُنیا سے نئی دُنیا کب تک دُور رہ پاتی
کس دَور میں اور کہاں تغیّر و تبدیلی رونما نہیں ہوئی
غزل کا مزاج بدلا
ناصر کاظمی ، باقی اور بشیر بدر کے ساتھ ساتھ
کئی اور شعراء ابھر کر آگے آئے
نئی نظمیں راشد اور میرا جی سے لے کر
آج تک برابر لکھی جا رہی ہیں
بیل گاڑی کی جگہ ریل نے لے لی
اور ریل سے پھر ہوائی سفر کا دَور آ گیا
تبدیلی کی یہ لہر زندگی کے ہر شعبہ میں
برابر جاری وساری ہے

مگر اس کا کیا کیجیے
کہ ہر دور میں کچھ لوگ رہ جاتے ہیں
واویلا کرنے کے لیے
نئی روشنی پہ
وہ کہتے ہیں کہ یہ نئی طرز کیسی، نیا انداز کیسا
یہ کج روی بے راہ روی کیسی
کون ان سے کہے کہ
نئے کو اپنانا ہم نے بڑوں سے ہی سیکھا ہے
نئی راہیں پرانے راستوں کا سدِّ باب تو نہیں کرتیں
جہاں دو راستے ہوں وہاں دو اور سہی

• داستانِ میسور

میرے ساتھ بھی وہی ہوا جو اوروں کے ساتھ ہوتا آیا ہے
میں بھی بھیڑ میں تنہا ہو گیا
ایک جمِ غفیر جو چمکتی خنک روشنی کی طرف جا رہی تھی
اس سے میں بچھڑ گیا اور تنہا رہ گیا
مگر میری تنہائی بھی تو ایک کائنات ہے
جس میں میرے ماضی کی دلپذیر داستانیں ہیں
میرے شہر کے پرانے راستے قدیم رسوم طور طریق
راجا پرجا جوان بوڑھے مسجد مندر کھیل میدان مدرسے درگاہیں
تالاب کھیت پیڑ گیت نوحے نغمے رقص باجے
علماء شعراء اور نہ جانے کیا کیا ہے
جبھی تو میں نے ایک کتاب لکھی میرے شہر کی
جبھی تو میرے شہر کا چرچا اطراف واکناف
دُور اور نزدیک خاص و عام میں ہر زبان پہ ہے
میرا ماضی بڑا سہانا ہے
یہ دراصل نُور ہے
یعنی داستانِ میسور ہے

• رازؔ امتیاز کی نذر

عجیب رنج ہے جس سے نہیں ہے کوئی مفر
نہ پوچھئے کہ ہے کس رُخ پہ زندگی کا سفر
ہے وقت صبر طلب اب ہے دل کا حال دگر
خجل ہو لالہ جو دیکھے وہ میرا زخمِ جگر
نہ آنکھ تر ہے نہ گریہ سے اس کو فرصت ہے
وفورِ رنج سے لیکن عجیب راحت ہے
وفا کی بزم میں جلتے ہیں دوستی کے دیئے

•

خموشی اپنوں کی لیتی ہے امتحان اپنا
یہ چُپ غضب کی ہے اس چپ کو توڑ ڈالو تم
پتہ نہیں یہ گھٹا کب چھٹے گی اور مجھے!
سنائی دے گی مرے دوست کی کئی باتیں
خدا کے واسطے دو لفظ ہی سہی لکھو
یہ چُپ گی زد میں بہت دیر جی نہیں سکتا

منزلِ نو

پناہ ڈھونڈتی انسانیت پھری جب بھی
تو وا کیے تھے ہمالہ نے اپنے سارے باب
جب آئے پیاسے رواداری و محبت کے
تو آبِ گنگ و جمن نے کیا انھیں سیراب

پھر ایک بار جو مغرب سے آندھیاں اٹھیں
دیے خلوص و تمنا کے جھلملا اٹھے
سمجھ میں آئی نہ اک عمر سازشِ صیاد
تھے ہم صفیر خود اپنے ہی خون کے پیاسے

ہمارے جسم تو آزاد ہو گئے لیکن
گلوئے ذہن میں ہے طوقِ آہنی اب بھی
سنا ہے صبح نمودار ہو گئی لیکن
دیارِ قلب میں ہے قحطِ روشنی اب بھی

یہ فرقہ داری یہ صوبہ پرستیوں کی وبا
ہمارے ذہنوں کو بیمار کر کے رکھ دے گی
سبھاشؔ گاندھیؔ جواہر نہ ہوں گے اب پیدا
زمیں کی کوکھ ہیں یہ زہر بھر کے رکھ دے گی

یہ نونہال ہمارے یہ ادھ کھلے غنچے!
سزا ہمارے گنہ کی نہ عمر بھر بھگتیں!
اب آؤ دوستو شنکر کی راہ پر چل کر
تمام کینہ و نفرت کا زہر خود پی لیں

سحر کو منزل، تو جب ہمیں پکارے گی
خود آگے بڑھ کے تھکن آرتی اُتارے گی
کچھ اور دیر گرانی ہے آخرِ شب کی!
کہ حوصلوں کو نہ کم کر دے راہ کی سختی

مئے امید ذرا پی کے تازہ دم ہو لو!
قدم ملا کے چلو مشعلوں کو تیز کرو

• وہ حرف نہیں

لمحوں میں جو حرف بنے وہ حرف نہیں
زود پشیمانی پہ بھروسہ مت کرنا
ہوں تو ہوں سخنِ دشنام ان کے لب پر
اپنے لبوں پر ایسے سخن مت آنے دو
لمحوں میں جو حرف بنے وہ حرف نہیں
زود پشیمانی پہ بھروسہ مت کرنا

اپنا رشتہ گل بوئے تاروں کی قطار
ندی کی کومل لہریں گھنگھرو کی جھنکار
کڑی دھوپ میں جیسے شجر سایادار
زود پشیمانی پہ بھروسہ مت کرنا
لمحوں میں جو حرف بنے وہ حرف نہیں

• ہائیکو

■

اک شاخ نرم عورت کا بدن
نرم شعلہ بھی ہے وہ
رشکِ چمن

■

رقص گھنگھرو تال سُر بے جان سب
بات میری مان اب
زن ہے عجب ، زن ہے عجب

■

چاند آہستہ خرامی میں مگن
ماہ وش اک ہو جلو میں
اس گھڑی رُک جائے دم

■

ماں یعنی گا یہی ہے اپنا حل
عورت بغیر
دست و پا اپنے ہیں شل

ہائیکو

سال و سن سے کچھ نہیں پڑتا ہے فرق
عورت پہ جی آئے تو ہے
ہر لمحہ گنجِ سرخوشی

راگنی ہے پھول کی ڈالی بھی ہے
لوح ہے احساس ہے اک لمس بھی
ایک عورت کے قیامت کے ہیں رُخ

رات دن ملتے ہیں ایسے میں اے دل
صنفِ نازک کی ہری مسکان ہو
زندگی کی جان ہو

مامتا کا ہے اُجالا
پیار ہے نعمت ہے
عورت کا چلن

قطعات

وقت کے پیڑ کا سایا کیسے راس آیا ہے
کھینچ ہی لیتی ہے آخر کو ہمیں زیست کی دھوپ
ہست کا خوابِ گراں ہم پہ مسلط ہی سہی
پھیل جاتی ہے بہرحال کبھی نیست کی دھوپ

خزاں کا دور نہ دورِ بہار باقی ہے
امید و یاس نہ دل میں وہ پیار باقی ہے
اک ایسے موڑ پہ آ کر رکی ہے زیست جہاں
کسی کا جیسے کہیں انتظار باقی ہے

شبِ انتظار میں تھا چراغاں ہمارا گھر
دل سے بھلائیں کیسے سیہ پوشیِ سحر
یہ زندگی ہماری ہے اک امتحاں اے دوست
کچھ صبحیں ہم سے مانگتی ہے شام کی ڈگر

•

سرگوشیاں سی کرتی ہے ہم سے بہار تک
آ کر ٹھہر گئی ہے نظر آبشار تک
ساری فضا ہے شہر کی کیوں آج دلنشیں
ہو آئیں کیوں نہ ایسے میں کوئے یار تک

•

لپک کے برق سی حدِّ نگہ کہ پار گری
فضا مہک گئی رنگین اک پھوار گری
کبھی جو چھو گیا دُکھتی رگیں کوئی لمحہ
ورق پہ فکر مری بن کے آبشار گری

•

عجب ہے زیست مری ہو کے خوار ہنستی ہے
تصوّرات میں تصویرِ یار ہنستی ہے
دوام کیوں نہ دے خلّاقِ دوجہاں اس کو
کتابِ شعر جو بن کر بہار ہنستی ہے

•

•

خزاں میں زہر ہے کتنا بہار سے پوچھو
رموزِ دردِ دلِ بے قرار سے پوچھو
فروغِ فن ہے زمانے میں کس لیے لوگو
ذرا نکل چلو قرب و جوار سے پوچھو

•

ہر زلف کا سایا تو صنوبر نہیں ہوتا
ہر سیپ کے سینے میں تو گوہر نہیں ہوتا
ہر گام پہ دل والے تو مل جاتے ہیں لیکن
ہر قلب میں ہمدردی کا جوہر نہیں ہوتا

•

جو کام ہے اپنا وہی کر جائے گی
بگڑی ہوئی تقدیر سنور جائے گی
کچھ اور بڑھے تلخیٔ حالات کی آنچ
تپ تپ کے حیات اور نکھر جائے گی

•

●

فصیلِ صبح پہ کس دہر تاب کا ہے رُخ
میری حیات کا ایسے میں ہنس رہا ہے رُخ
ہے رُوح کس لیے بے چین ماجرا کیا ہے
یہ کون مثلِ قضا میرا دیکھتا ہے رُخ

●

جمالِ دوست سے دل کا عجیب عالم ہے
خیالِ دوست سے اب آنکھ بھی مری نم ہے
اداسی ایک طرف اک طرف مسرّتِ زیست
نہ چھیڑ ایسے میں مجھ کو کہ درد کم کم ہے

●

ہے اب کہ فصلِ بہاراں جبیں میں خاک بسر
نظر کے سامنے اب ہے دھواں دھواں منظر
ہوا کا کیا ہے نہ جانے وہ کتنے رُخ بدلے
ہے آج اپنا یقیں و گماں کے بیچ سفر

●

●

ایک تاریک سمندر تھی میری جولانی
میں بصارت سے بصیرت کا نہ ہوتا شیدا
تیرے پرتو کی کرن کر گئی روشن مجھ پہ
کہ اندھیروں سے ہی ہوتے ہیں اجالے پیدا

●

سچ ہے خورشید کا محتاج قمر ہوتا ہے
کشتِ ناقص میں بھی گلدار شجر ہوتا ہے
بات آساں ہے گر آئے سمجھ میں کاوشؔ
جذبہ صالح ہے تو ہر کام امر ہوتا ہے

●

جادہ بنا دیا کبھی منزل بنا دیا
مانندِ شمع سوزِ عنا دل بنا دیا
سینے میں مرے دے کے وہ اک بے قرار دل
رنگین حیات کا حامل بنا دیا

●

منزلیں پاؤں چومنے لگتیں
خار رہ بھی گلاب ہو جاتے
زندگی اک طویل شب تھی مری
کاش آپ آفتاب ہو جاتے

●

ایک پاگل کا خواب ہو جاتی
درد و غم کی کتاب ہو جاتی
آپ دیتے نہ میرا ساتھ اگر
زندگانی عذاب ہو جاتی

●

زندگانی پہ شام رہنے دے
درد دل میں مدام رہنے دے
خواب عنقا کہیں نہ ہو جائیں
خواہشیں ناتمام رہنے دے

●

•

بہارِ لفظ ہوں رنگینیٔ بہار ہوں میں
ندی ہوں فکر کی سوچوں کا آبشار ہوں میں
کلام کیوں نہ لگے میرا دلنشیں کاوشؔ
ہیں روحِ وقت ہوں وقت کی پکار ہوں

•

کھونے میں جو ہے لطف نہیں پانے میں
بیمار کو لے آؤ شفا خانے میں
موقع تو ملے اس کے مسیحاؤں کو
ہے دیر کہاں اس کے گزر جانے میں

•